SCM

Stiftung Christliche Medien

Der SCM Verlag ist eine Gesellschaft der Stiftung Christliche Medien, einer gemeinnützigen Stiftung, die sich für die Förderung und Verbreitung christlicher Bücher, Zeitschriften, Filme und Musik einsetzt.

Internet: www.scmedien.de; E-Mail: info@scm-verlag.de

Gesamtgestaltung: Miriam Gamper-Brühl | www.3kreativ.de | Essen

Druck und Bindung: CPI books GmbH, Leck
Gedruckt in Deutschland
ISBN 978-3-7893-9626-7
Bestell-Nr. 629.626

Annegret Prause

Anleitung zur ACHTSAMKEIT

50 Tipps für ein bewusstes Leben

SCM

Achtsamkeit, die Widerständige

von Christina Brudereck

„Mach mich achtsam!“ Diese kleine Bitte bete ich oft. Umgeben von vielen Stimmen, Eindrücken und Aufgaben. Beeindruckt und erschüttert von Bildern und Nachrichten. Angetrieben von Erwartungen und Terminen.

„Mach mich achtsam!“ Denn ich verliere so schnell meine Spur. Mein Gespür für richtig und falsch. Meine Überzeugungen und Ideale. Ich überhöre die leise Stimme des Lebens.

„Mach mich achtsam!“ Mein Augenmerk soll sich auf die Liebe richten: Ich möchte nicht übersehen, wo sie fehlt und merken, wo sie aufblüht. Ich möchte meine Fingerspitzen beteiligen an meinem Alltag. Ich will sorgfältig sein – in der Wahl meiner Worte, in der Sorge um mich selbst, im Umgang mit der Erde, in Beziehung zu meinen Lieben, im Blick auf unsere Kinder. Ich möchte aktiv behutsam sein als Christin, Demokratin, Mensch.

Achtsamkeit. Sie ist die Liebe zum Detail. Der Blick für das Kleine, Unscheinbare. Sie investiert Zeit, mich vorzubereiten. Sie nimmt heilige Momente wahr. Sie übt die Bereitschaft, mich unterbrechen zu lassen. Sie ist ihrem Wesen nach adventlich, denn sie erwartet das Neue, Andere. Sie ist auch österlich, denn sie erhofft immer das Lebendige.

Sie ist ein Modewort. Ja. Denn sie reagiert ihrerseits auf einen Trend. Eben auf die verbreitete Gewohnheit der Achtlosigkeit. Sie ist die Gegenbewegung zur Gleichgültigkeit. Zu Betriebsamkeit, dicker Haut und Oberflächlichkeit. Sie will uns helfen, zu leben statt uns leben zu lassen. Sie mahnt uns, bewusste Entscheidungen zu treffen. Ausdrücklich zu leben. Sie ist eine widerständige Kraft.

Ich meine: Wir brauchen sie dringend. Sie stoppt uns. Und das ist ihr größtes Geschenk an uns. Damit wir mit ihr üben, unser Leben klarer wahrzunehmen. Unsere Zeit, unseren Körper, unsere Grenzen und Möglichkeiten. Unsere Beziehung zu Gott, zu Menschen und zur Schöpfung. Ist dieses Buch also ein Mode-Buch? Ja. Denn es ist zeitgemäß, aktuell und dringend notwendig. Für alle, die wünschen, dass die Mode der Achtlosigkeit nicht noch weiter um sich greift.

Annegret Prause lädt die Achtsamkeit zu uns ein. Sie bietet mit ihrem Buch viele, viele Anregungen, die Achtsamkeit zu üben. Ich liebe diese Fülle von Ideen! Sie können uns helfen, zur Mitte zu finden, zur Ruhe, den Kern zu sichern. Achtsamkeit beteiligt unsere Augen, unsere Nase, unsere Füße, unseren Atem.

Anleitung – das bedeutet: hinhören, zuhören. Hinschauen. Hineinfühlen. Mit nackten Füßen die Welt aufspüren. Mit dem eigenen Atem den Rhythmus finden. Anfängerin werden. Genießen. Danken. Ordnung schaffen. Freiheiten nutzen. Mit wachen Augen fotografieren, genauer hinsehen, Ansehen leihen. Mit der Nase entdecken. Bewusst beten. Bewusst essen. Bewusst Musik hören. Erinnern und loslassen. Mich befreien von Urteilen, Verboten.

Der englische Ausdruck „paying attention" deutet die Vorstellung an, dass Achtsamkeit bezahlt werden muss. Mit Zeit etwa oder Disziplin. Annegret Prause zeigt dagegen eine durch und durch evangelische Haltung: Achtsamkeit ist ein Geschenk. In einer Legende wird erzählt: Ein Schüler fragt den Meister, seinen

geistlichen Lehrer: „Kann ich irgendetwas tun, um die Erleuchtung zu erlangen?“ Und der Lehrer antwortet: „So wenig wie du dazu tun kannst, dass am Morgen die Sonne aufgeht.“ „Aber“, fragt der Schüler weiter, „was für einen Zweck haben denn dann die spirituellen Übungen, die du lehrst?“ Und der Meister sagt: „Du übst, damit du nicht schläfst, wenn die Sonne aufgeht.“
Gott ist immer achtsam. Gott beschenkt uns. Wir beten: „Mach mich achtsam!“ Ich verpasse so schnell die Güte, die Gnade, die Grazie, die Gaben, die Geschenke.

Achtsamkeit begrüßt das Leben mit jedem Moment. Sie ist eine Schwester der Gastfreiheit und der Großzügigkeit. Denn sie heißt willkommen. Sie füttert unseren Wunsch, Bedeutung zu finden. Sie will die Welt schöner machen. Sie ist dankbar für jeden Tag. Für jede Jahreszeit. Sie bezieht die Vorfahren ein wie die Nachkommen und lebt mit Vergangenheit und Zukunft vorerst im Jetzt. Sie ist nicht Rückzug. Sie genehmigt die Pause. Sie ist nicht Stillstand. Sie hält inne, damit wir aushalten. Sie ist nicht Innerlichkeit, sie äußert sich. Sie mischt sich ein. Sie sucht nicht das Perfekte, sondern noch in den Brüchen und besonders an den Rändern findet sie Schönes. Sie widmet kleinen wie großen Aufgaben ihren Respekt. Sie stärkt die Achtung vor dem Geheimnisvollen. Sie sucht und fragt nach dem, was uns allen heilig sein könnte. Sie verneigt sich vor der Liebe in allen ihren Weisen. Sie verehrt die Einheit, die Verwobenheit wie den Augenblick der Liebe, die jetzt gerade für uns da ist.

Gebet um Achtsamkeit

Mach mich achtsam
für die Verwobenheit aller Dinge und aller Menschen.

Ich bin verbunden,
wir sind verbunden
mit den Generationen vor uns und nach uns.
Mit der Erde, über die wir gehen.
Mit der Luft, die wir atmen.
Mit der Kleidung, die wir tragen.
Mit dem Brot, das wir essen.
Mit der Nation, deren Pass wir jeweils tragen.
Mit der Kultur, die uns prägt.
Mit der Zeit, die uns noch bleibt.
Mit Familie Mensch
auf allen Kontinenten und Inseln.

Mach mich wachsam,
mach uns wachsam für die Zusammenhänge,
für das Gleichgewicht dieser Welt
und die Balance unserer Seele.

Mach mich achtsam,
mach uns achtsam für deine Zeichen,
dankbar für dein Vertrauen,
respektvoll füreinander.

Die Sache mit dem Autopiloten

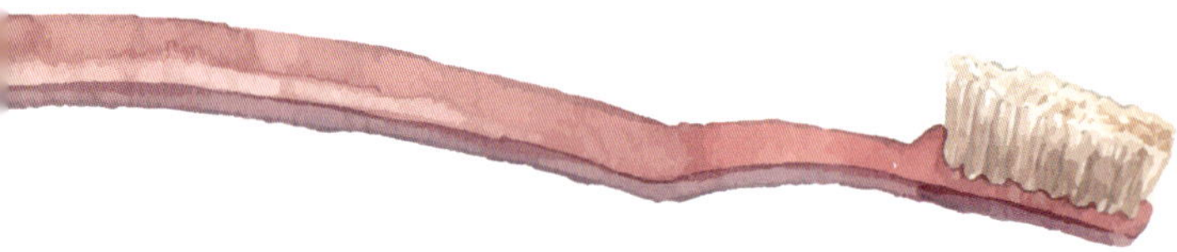

Einen Großteil unseres Alltags bewältigen wir dank funktionierender Routine, ohne dass wir über die Aktivitäten nachdenken müssten. Vom Aufstehen und Zähneputzen über den Weg zur Arbeit, den Einkauf, das Wäschewaschen … Notfalls bekommen wir das auch im Halbschlaf hin, der Autopilot funktioniert ausgezeichnet.

Einerseits ist diese Routine eine sehr hilfreiche Sache, schließlich sorgt sie dafür, dass die Dinge schnell und geräuschlos ablaufen. Andererseits sorgt der Autopilot aber auch dafür, dass wir einen großen Teil unseres Alltags – und damit unseres Lebens – überhaupt nicht mehr wahrnehmen. Beobachten Sie sich heute einmal selbst: Bei wie vielen Alltagsaufgaben sind Sie eigentlich gar nicht richtig anwesend?

Das Offensichtliche erklären

Stellen Sie sich Folgendes vor: Neben Ihnen steht jemand, der Sie nicht sehen kann, und dieser Person sollen Sie erklären, wie Zähneputzen oder Abspülen funktioniert (oder eine andere alltägliche Tätigkeit). Beschreiben Sie jede Bewegung und jeden Handgriff in Gedanken so, dass die imaginäre Person die Tätigkeit genau nachmachen könnte.

Neugierig sein

Kindliche Neugier ist einer der Ausgangspunkte für Achtsamkeit. Kinder betrachten ihre Umgebung mit Offenheit und großem Interesse. Scheinbare Alltäglichkeiten und Banalitäten üben eine ungeheure Faszination aus, ein kleiner Spaziergang in der Nachbarschaft wird zum Abenteuertrip. Beobachten Sie kleine Kinder bei ihren Entdeckungsreisen und lassen Sie sich von ihnen inspirieren. Betrachten Sie die Welt mit neugierigen Kinderaugen.

Achtsam unterwegs

Je öfter Sie eine Strecke zurücklegen, desto weniger nehmen Sie sie wahr. Den Weg zur Arbeit oder zum Supermarkt finden Sie vermutlich auch im Halbschlaf, egal ob Sie mit dem Auto fahren, zu Fuß oder mit dem öffentlichen Nahverkehr unterwegs sind. Ihr Autopilot führt Sie zuverlässig zum Ziel. Heute schalten Sie ihn trotzdem aus und legen die Strecke zurück, als würden Sie sie zum ersten Mal fahren. Betrachten Sie die Landschaft und die Lichtverhältnisse. Hören Sie auf die Geräusche um sich herum. Schauen Sie sich bewusst die Häuser an, an denen Sie vorbeifahren. Vielleicht entdecken Sie ja außergewöhnliche oder originelle Dinge, die Ihnen bisher noch nicht aufgefallen sind? Planen Sie für die Strecke auf alle Fälle mehr Zeit ein als üblich und werden Sie dann zum Touristen in Ihrer bestens vertrauten Umgebung.

Den Moment aufsaugen

Nehmen Sie einen Stift und einen Notizblock mit und setzen Sie sich in ein Café. Schreiben Sie alles auf, was Sie wahrnehmen. Das Schreiben hilft Ihnen dabei, sich zu konzentrieren. Was hören Sie? Das Stimmengewirr der anderen Gäste, die Schritte der Bedienung, das Klappern der Kaffeetasse …? Vielleicht sitzen Sie draußen, die Vögel zwitschern und Sie spüren die Sonne im Gesicht. Nehmen Sie sich Zeit, beobachten Sie Ihre Umgebung und sich selbst und notieren Sie alles, was Ihnen auffällt.

Fotografieren

Wer fotografiert, schult nicht nur seinen Blick, sondern kann sich ganz nebenbei in Achtsamkeit üben. Dabei ist es völlig unerheblich, ob Sie mit einer „richtigen“ Kamera oder Ihrem Smartphone Bilder machen. Suchen Sie sich draußen einen Ort mit ausreichend Licht – das kann ein ganz gewöhnlicher Platz sein, ein Fabrikgebäude, der Park, Ihr Garten … Lassen Sie sich ganz auf das Abenteuer Motivsuche ein. Gibt es spannende Details, ungewöhnliche Farben? Entdecken Sie Strukturen, Muster oder interessante Linien? Testen Sie verschiedene Perspektiven, Ausschnitte und Blickwinkel. Beziehen Sie Licht und Schatten, Himmel und Horizont mit ein.

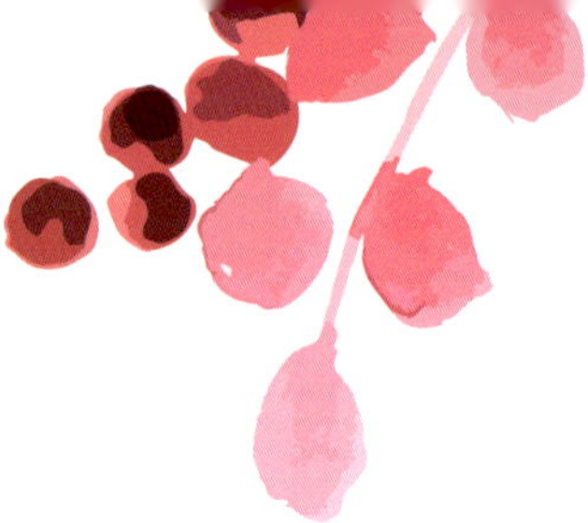

Farbspiel

Schulen Sie Ihre Aufmerksamkeit, indem Sie sie ganz gezielt lenken. Richten Sie Ihren Fokus in den nächsten fünf Minuten auf eine bestimmte Farbe, zum Beispiel Blau. Versuchen Sie so viele Dinge wie möglich zu entdecken, die blau sind.

In die Stille lauschen

Suchen Sie sich einen stillen Ort und hören Sie ganz genau hin. Stille ist nämlich meistens gar nicht so still. Können Sie Geräusche ausmachen? Ihren Atem? Ein fernes Quietschen oder Rauschen? Vogelgezwitscher? Hören Sie der Stille eine Weile zu.

Der Nase nach

Achten Sie heute auf das, was Ihre Nase Ihnen alles mitteilt. Unser Geruchssinn spielt eine große Rolle dabei, wie wir unsere Umgebung bewerten und ob wir uns darin wohlfühlen.
Konzentrieren Sie sich einmal bewusst auf all die unterschiedlichen Dinge, die Sie riechen können. Von der Zahncreme am Morgen und dem ersten Kaffee über die Bäckerei und den Straßenverkehr bis hin zu bedrucktem Papier, dem Parfüm der Kollegin oder dem Duft des Waldes nach einem Regenschauer … Lassen Sie sich von Ihrer Nase herumführen.

Ein geschenkter Tag

Gestern ist Vergangenheit.
Der Morgen ist ein Geheimnis.
Heute ist ein Geschenk.

Nehmen Sie sich morgens, wenn Sie aufwachen, einen kleinen Moment Zeit. Machen Sie sich bewusst, dass dieser Tag ein einzigartiges Geschenk ist, das Sie einfach so bekommen haben. Freuen Sie sich an ihm. Nutzen Sie ihn. Und lassen Sie weder das Gestern noch das Morgen Schatten auf diesen Tag werfen. Das Heute liegt voller Momente vor Ihnen, die wahrgenommen werden wollen. Dieser Tag ist ein Geschenk.

Der unbekannte Arbeitsplatz

Betrachten Sie Ihren Arbeitsplatz einmal so, als wäre er gar nicht Ihrer. Nehmen Sie sich zwei Minuten Zeit und sehen Sie sich die Dinge auf Ihrem Schreibtisch an, als würden Sie sie das erste Mal bewusst wahrnehmen. Benennen Sie jeden Gegenstand in Gedanken. Nehmen Sie die Büroklammer zur Hand und fühlen sie das kühle Metall. Blättern Sie durch den Stapel Papier oder das Heft und spüren Sie den leichten Luftzug, streichen Sie über die glatte Oberfläche einer Broschüre, beobachten Sie, wie Ihre Kaffeetasse das Licht reflektiert ...

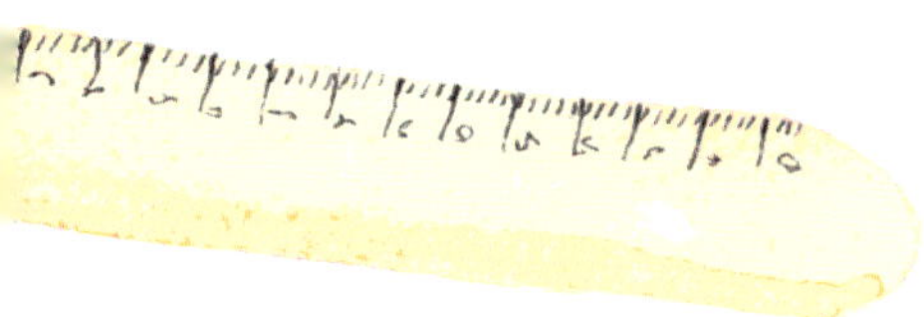

Multitasking ist ein Mythos

Verabschieden Sie sich vom Multitasking. Das ist eine Sache für Computer, nicht für Menschen. Konzentrieren Sie sich auf die Aufgabe, die gerade vor Ihnen liegt. Und nur auf die.

Bewertungsfrei

Täglich treffen wir hunderte kleine Entscheidungen, wägen ab, vergleichen, bewerten, klicken „gefällt mir" …
Ohne Maßstäbe und Urteile würde der Alltag auch überhaupt nicht funktionieren. Das Bewerten und In-Kategorien-Sortieren ist uns in Fleisch und Blut übergegangen. Allerdings baut es auch oft Hürden auf – nicht zuletzt im zwischenmenschlichen Bereich. Eine Grundlage der Achtsamkeit ist das bewertungsfreie Wahrnehmen. Nehmen Sie Dinge, die geschehen, zur Kenntnis, ohne gleich ein Urteil zu fällen oder sie in Kategorien zu sortieren. Egal, ob diese Dinge angenehm oder unangenehm sind.
Wenn Sie direkt beurteilen „schlecht", „gefällt mir", „macht sie nur, um mich zu ärgern" etc. drücken Sie dem Moment einen Stempel auf und verschließen sich. Ohne zu bewerten behalten Sie eine offene, wahrnehmende Haltung und entdecken möglicherweise Dinge, die Sie durch Ihre Bewertung fehlinterpretiert hätten.

Musikalische Herausforderung

Suchen Sie gezielt nach einem Lied oder einem Musikstück, das Ihnen überhaupt nicht gefällt, oder wählen Sie einen entsprechenden Radiosender. Hören Sie sich die Musik ganz genau an. Achten Sie auf Instrumente, Töne, Pausen, Besonderheiten. Hören Sie zu, ohne zu bewerten. Wahrscheinlich werden die Gedanken ihren Unmut bekunden. Beobachten Sie sie kurz und richten Sie Ihre Aufmerksamkeit dann wieder ganz auf die Musik.

Wohlwollen

Machen Sie Wohlwollen zu einem Lebensprinzip. Dieses uns heute recht antiquiert erscheinende Wort drückt eine gütige Haltung aus, gepaart mit Offenheit, zugewandtem Interesse und Empathie. Wohlwollen ist ein weiterer Grundpfeiler der Achtsamkeit. Es bezieht sich einerseits auf Mitmenschen und Dinge, die einem begegnen, nicht zuletzt aber auch auf die eigenen Erfahrungen, Empfindungen und Gedanken.

Akzeptieren

Manchmal haben Sie Gedanken, die Sie nicht haben wollen, Gefühle, die Sie nicht fühlen möchten. Was tun Sie damit? Ignorieren, verleugnen, sich unter Druck setzen sind keine guten Ideen. Der erste Schritt ist, sie wahrzunehmen, ohne sie gleich zu bewerten. Der zweite, zu akzeptieren, dass sie da sind. Wie die Vögel im bekannten Zitat von Martin Luther:

Ich kann nicht verhindern, dass Vögel über meinem Kopf fliegen, aber ich kann wohl verhindern, dass sie auf meinem Kopf ein Nest bauen.

Genau wie die Vögel fliegen auch die Gedanken über beziehungsweise durch Ihren Kopf, ob Sie wollen oder nicht. Nehmen Sie sie interessiert zur Kenntnis und akzeptieren Sie, dass sie da sind. Akzeptanz bedeutet nämlich nicht, dass man resigniert, sondern, dass man die Situation so wahrnimmt und annimmt, wie sie ist. Und das ist der erste Schritt auf dem Weg zur Veränderung. Wie wollen Sie verhindern, dass die Vögel ein Nest auf Ihrem Kopf bauen, wenn Sie verdrängen, dass es sie gibt?

Loslassen

Eines der schwierigsten Dinge, die man im Leben lernt und lernen muss, ist das Loslassen. Auf die wichtigsten Dinge haben wir nur wenig oder keinen Einfluss. Aufmerksamkeit und Achtsamkeit sind gute Übungsfelder, um auch das Loslassen zu trainieren. Wenn sich Dinge in meinem Leben außerhalb meines Einflussbereiches befinden, muss ich auch nicht versuchen, sie kontrollieren zu wollen.

Loslassen kann man eine ganze Menge: Gefühle, Gedanken, Meinungen, Groll, Menschen, Ideen … Was kommt Ihnen konkret in den Sinn?

Ärger ausbremsen

Dieser eine Satz hat das Fass zum Überlaufen gebracht und jetzt brodelt es in Ihnen? Beobachten Sie, was Ihr Gemütszustand mit Ihrem Körper macht. Sind die Schultern angespannt, ist der Kiefer verkrampft, atmen Sie flach? Machen Sie eine kurze Bestandsaufnahme. Atmen sie einige Male tief durch. Nehmen Sie Ihre Gedanken einfach wahr. Betrachten Sie in Ruhe und ohne sich zu verurteilen, was Ihnen alles durch den Kopf geht. Treten Sie nun gedanklich einen Schritt zurück und machen Sie sich klar, dass das nur Gedanken und Gefühle sind. Sie sind als Person nicht identisch mit Ihren Gefühlen. Reden Sie, wenn der Hauptärger verflogen ist. Sagen Sie Ihrem Gegenüber, welche Gefühle er in Ihnen ausgelöst hat und warum.
Das wird nicht sofort perfekt funktionieren. Aber auch beim Ärger ausbremsen macht Übung den Meister.

Einfach atmen

Wir tun es ganz automatisch, unser Leben lang: atmen. Als Babys und Kleinkinder atmen wir entspannt und tief. Unter Stress verändert sich die Atmung und wird flacher. Nehmen Sie sich eine kleine Weile Zeit und beobachten Sie sich beim Atmen. Nehmen Sie eine entspannte Position ein, schließen Sie die Augen und achten Sie auf Ihren Atemrhythmus. Wichtig: Versuchen Sie nicht, mit Kraft besonders tief zu atmen. Beobachten Sie stattdessen das Atemholen, Zwerchfell und Brustkorb weiten sich und die Luft strömt automatisch nach. Nach dem Ausatmen folgt eine kleine Pause, bevor alles von vorn beginnt. Das Atmen zu beobachten ist eine gute Methode, um zur Ruhe zu kommen.

Achtsam in unangenehmen Situationen

2

Es gibt Situationen, die möchte man einfach nur schnell hinter sich bringen. Sei es beim Zahnarzt, in einer langen Schlange oder im überfüllten Bus. Machen Sie sich auch hier Ihre Umwelt bewusst. Nehmen Sie alle Geräusche wahr, auch die nervigen oder beängstigenden, achten Sie auf angenehme und unangenehme Gerüche. Beobachten Sie Ihre Gefühle und Gedanken. Und dann lassen Sie sie wie eine Wolke vorbeiziehen.

Achtsam Musik hören

Häufig nutzt man Musik als Hintergrundkulisse und Klangtapete. Suchen Sie sich heute ein Musikstück, das Sie achtsam verfolgen. Setzen Sie sich dazu bequem hin, schließen Sie die Augen und hören Sie auf die Klänge. Wenn Ihre Gedanken sich zu anderen Dingen bewegen, lenken Sie sie sanft zur Musik zurück. Nehmen Sie nicht nur die Töne der Musik wahr, sondern hören Sie auf die Bewegung, auf Klangfarben und Dynamik. Oft reagiert auch Ihr Körper. Ist die Musik ruhig und gleichmäßig, beruhigen sich auch Herzschlag und Atmung, ist die Musik mitreißend, werden auch Herzschlag und Atmung aktiver. Hören Sie, nehmen Sie wahr und genießen Sie.

Dank sammeln

Beginnen Sie ein Dankbarkeits-Tagebuch. Notieren Sie abends ganz kurz die Dinge, für die Sie an diesem Tag dankbar sein konnten.

Laut freuen

Sie freuen sich? Still, leise und ganz insgeheim?
Lassen Sie die Freude raus!
Zappeln Sie vor Freude herum oder führen Sie ein kleines Tänzchen auf. Wie wäre es mit einem Jubelschrei, lautem Singen, einem Luftsprung …? Finden Sie albern? Wenn Sie sie auch körperlich ausdrücken, verstärkt sich die Freude. Probieren Sie es bei der nächsten Gelegenheit einfach aus.

123

Anfänger sein

456

789

Die meisten Menschen sind nicht gern Anfänger. Experte sein ist so viel attraktiver: Man ist erfahren, weiß, was läuft und wie alles geht …

Wenn man es genauer betrachtet, ist der Experte in seinem Tun allerdings sehr eingeschränkt. Er tut die Dinge so, wie er sie seit Jahren tut. Er hat seine Methode perfektioniert. Als Anfänger stehen Ihnen viel mehr Wege offen. Sie können fragen, neugierig sein, Dinge ausprobieren, Fehler machen, lernen und wieder neue Wege versuchen … Egal, wie viel Erfahrung Sie in Ihrem Leben bereits gesammelt haben, bewahren Sie sich die Einstellung eines Anfängers

Erinnerungen schaffen

Sie kennen diese Augenblicke bestimmt auch, in denen man denkt: „Was für ein großartiger Moment!" Schaffen Sie sich Erinnerungen daran. Nehmen Sie den Augenblick mit allen Sinnen wahr. Schauen Sie die Umgebung an, achten Sie auf Details, auf Farben, Klänge, Gerüche. Vielleicht nehmen Sie ein kleines Souvenir mit – die Eintrittskarte, ein Blatt vom Herbstspaziergang … All das hilft Ihnen dabei, ganz im Moment zu leben und sich später noch lebhaft daran erinnern zu können.

Steinchen für Steinchen

Suchen Sie sich fünf glatte, kleine Kieselsteinchen. Vielleicht finden Sie die direkt vor Ihrer Haustür oder Sie bringen sich die Steinchen von einem Strandurlaub mit.

Morgens, wenn Sie sich anziehen, stecken Sie die Steine in Ihre rechte Hosentasche. Wann immer Ihnen im Laufe des Tages etwas auffällt, wofür Sie dankbar sein können, nehmen Sie einen Stein aus der rechten Tasche und stecken ihn in Ihre linke.

Am Abend schauen Sie nach, ob tatsächlich alle Steinchen die Seite gewechselt haben.

Achtsam essen

Auch Mahlzeiten können Übungsfelder für Achtsamkeit sein. Essen Sie nicht nebenher, sondern beziehen Sie alle Sinne mit ein. Stellen Sie sich einfach vor, Sie würden das Essen vor Ihnen zum ersten Mal sehen. Wie sieht es aus? Welche Farben entdecken Sie, welche Strukturen? Wenn es sich anbietet, befühlen Sie es: das Brot, den Apfel … Riechen Sie daran: Können Sie Gewürze ausmachen? Ist es ein vertrauter Geruch? Erinnert er Sie an etwas? Und schließlich: Nehmen Sie sich Zeit zum Schmecken. Wie fühlt sich die Speise im Mund an, welche Konsistenz hat sie? Welche Aromen können Sie unterscheiden?

Kleiner Nebeneffekt: Wenn Sie dem Essen Ihre volle Aufmerksamkeit schenken, merken Sie auch, wann Sie satt sind, und essen nicht mehr, als Sie eigentlich brauchen.

Gedanken sind einfach Gedanken

Kinder leben in der Gegenwart. Erwachsene leben in ihren Gedanken, Verpflichtungen, Sorgen … und verpassen dabei schnell das, was eigentlich gerade vor sich geht. Oft ist es in unserem Kopf lauter als um uns herum. Manche dieser Gedanken kommen wie ein Schneeball ins Rollen und können uns sogar den Schlaf rauben.
Da hilft es, immer wieder innerlich einen Schritt zurückzutreten: Gedanken sind erst einmal nur Gedanken. Oft genug haben sie herzlich wenig mit dem tatsächlichen Leben zu tun. Lassen Sie sich also nicht von ihnen tyrannisieren. Setzen Sie sich kurz hin und beobachten Sie, was in Ihrem Kopf los ist und woher die Gedanken kommen. Akzeptieren Sie, dass Sie diese Gedanken haben und dann lassen Sie sie los und wenden sich bewusst und mit ganzer Aufmerksamkeit den Dingen zu, die Sie umgeben. Sie müssen sich von Ihren Gedanken nicht an der Leine herumführen lassen. Es sind nur Gedanken.

Gedanken aufräumen

Um der eigenen Gedankenflut Herr zu werden, hilft es oft, Dinge einfach aufzuschreiben. Legen Sie sich einen Notizblock neben das Bett, in dem Sie die Dinge festhalten können, die Ihnen nachts noch einfallen. Die guten Ideen genauso wie die unerledigten Dinge, die Ihnen sonst den Schlaf rauben. Da Sie die Gedanken festgehalten haben, können Sie sie nun beruhigt ziehen lassen.
Tagebuchführen hilft ebenfalls dabei, die Gedanken zu sortieren. Es muss noch nicht einmal regelmäßig sein. Ein einfaches Notizbuch, in das Sie die Dinge schreiben, die Sie beschäftigen, reicht völlig aus. Wer schreibt, sortiert seine Gedanken ganz automatisch und räumt das Chaos so nebenbei auf.

Achtsam einschlafen

Sie liegen nachts im Bett und wollen einschlafen, doch Ihre Gedanken laufen jetzt erst zu Höchstform auf: Sorgen, Ideen, unerledigte To-Dos drehen sich immer schneller und halten Sie wach. Versuchen Sie es mit einer kleinen Achtsamkeitsübung. Strecken und räkeln Sie sich kurz, wenn Sie im Bett liegen, und suchen Sie eine entspannte Liegeposition. Achten Sie auf Ihren Atem, wie er ruhig kommt und geht. Konzentrieren Sie sich ganz auf den Atemrhythmus. Wenn die Gedanken aktiv werden, nehmen Sie sie kurz zur Kenntnis und lassen Sie sie bewusst los. Versuchen Sie nicht krampfhaft, einzuschlafen. Kehren Sie mit Ihrer Aufmerksamkeit einfach wieder zum Atemrhythmus zurück, bis Sie langsam in den Schlaf gleiten.

Den Körper spüren

Bleiben Sie morgens nach dem Aufwachen noch einen kleinen Moment liegen und spüren Sie Ihrem Körper nach. Sind Sie hellwach oder noch schläfrig? Wie fühlen sich Arme und Beine an? Spüren Sie Ihren Herzschlag, den Atem? Räkeln Sie sich im Bett und fühlen Sie, wie sich Ihre Muskeln bewegen und dehnen.

Barfuß

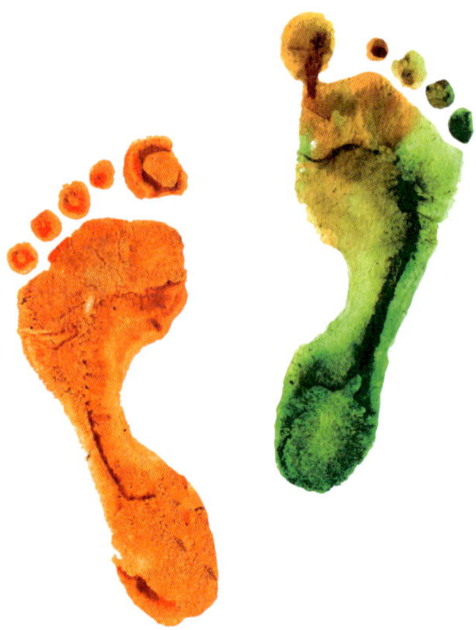

Ziehen Sie an warmen Tagen einfach mal Schuhe und Strümpfe aus und laufen Sie barfuß über eine Wiese. Spüren Sie, wie Sie mit dem Fuß aufsetzen und ihn dann langsam abrollen, fühlen Sie das Kitzeln des Grases, den weichen Boden, von der Sonne angewärmte Stellen …

„3 mal 5" – am besten täglich

Nehmen Sie sich täglich einen kleinen Augenblick Zeit. In diesem Augenblick achten Sie zuerst auf das, was Sie gerade sehen. Zählen Sie in Gedanken fünf Dinge auf. Anschließend wenden Sie sich den Geräuschen zu, die Sie umgeben. Versuchen Sie, fünf verschiedene zu unterscheiden. Schließlich geht es um das Fühlen, Ihren Tastsinn. Wie spüren Sie Ihre Umgebung an Ihrem Körper? Versuchen Sie auch hier fünf verschiedene Eindrücke zu unterscheiden.
Wenn Sie mögen, können Sie dieses kleine „3 mal 5" täglich durchführen, um sich unterbrechen zu lassen und für einen Augenblick ganz bewusst den Moment wahrzunehmen. Richten Sie sich zum Beispiel eine Erinnerungsfunktion auf Ihrem Handy ein.

Tischgebet

Für manche ist es ein Ritual, das sie seit Kindertagen pflegen, anderen ist es völlig fremd oder schon vor langer Zeit verlorengegangen. Das Tischgebet kann aber auch dabei helfen, eine kleine Zäsur im Alltag zu setzen.
Dieser Moment vor dem Essen, in dem einem bewusst wird, dass der reich gefüllte Teller ein Segen ist. Die Erinnerung an Gottes Gegenwart und seine Fürsorge. Und nicht zuletzt die Aufforderung, dankbar zur genießen. All das sind gute Gründe, um dem Tischgebet wieder einen festen Platz im Alltag zu geben.

Mit Gott zusammenarbeiten

Achtsamkeit ist Leben in der Gegenwart. Die christliche Tradition geht noch einen Schritt weiter. Sie will sich achtsam der Gegenwart Gottes bewusst sein – zu jeder Zeit und bei allen Alltäglichkeiten, auch bei der Arbeit.
Beginnen Sie heute jede neue Aufgabe mit den Worten:

„Gott, du bist da. Fangen wir an."

Gebet und Kontemplation

Gott ist immer da. Wir sind häufig abwesend. Gebet und Kontemplation können Wege sein, um still zu werden, sich unterbrechen zu lassen und ganz in der Gegenwart anzukommen – und so letztendlich Gottes Gegenwart zu erleben.

Kontemplation und Gebet brauchen Räume und Zeiten des Rückzugs. Reservieren Sie sich eine stille Ecke in Ihrer Wohnung dafür und eine Zeit, in der Sie ganz wach sind. Probieren Sie aus, mit welchen Gebetsformen Sie sich wohl fühlen und was zu Ihnen passt. Das kann das Herzensgebet auf der nächsten Seite sein. Sie können einen Bibelvers meditieren, ein Gebetstagebuch führen oder einfach Zwiesprache mit Gott halten.

Das Herzensgebet

Suchen Sie sich einen Ort, an dem Sie ungestört sein können, und nehmen Sie sich 15 Minuten Zeit (später können Sie auch auf 20 oder 25 Minuten verlängern).
Setzen Sie sich aufrecht und entspannt hin, die Hände legen Sie im Schoß oder auf den Oberschenkeln ab.
Schließen Sie die Augen oder blicken Sie mit halb geöffneten Augen vor sich auf den Boden.
Beobachten Sie Ihren Atem. Spüren Sie, wie er kommt und wieder geht, ohne aktiv darauf einzuwirken.

Sammeln Sie sich, während Sie einfach weiter atmen Dabei werden Sie schnell feststellen, wie sehr Ihre Gedanken und Gefühle in Bewegung sind. Schauen Sie sie an, akzeptieren Sie sie und lassen Sie sie dann los. Kehren Sie mit Ihrer Aufmerksamkeit zum Atmen zurück.

Verbinden Sie das Atmen mit einem Gebetswort. Sprechen Sie beim Einatmen innerlich „Herr Jesus Christus“, beim Ausatmen „erbarme dich meiner“. Ein anderes Gebetswort ist „Du in mir – ich in dir“ oder einfach „Jesus Christus“. Wichtig ist, dass Sie Ihren entspannten Atemrhythmus beibehalten. Gehen Sie aufkommenden Gedanken nicht nach, sondern kehren Sie immer wieder zu ihrem Gebetswort zurück.

Beenden Sie die Gebetszeit mit einem Kreuzeszeichen oder indem Sie sich vor Gott verneigen.

Vergebung

Die ultimative Form des Loslassens ist die Vergebung. Für Christen ist das keine überraschende Botschaft, immerhin kommt der Aufruf zur Vergebungsbereitschaft in der Bibel recht ausführlich vor. Dabei handelt es sich um deutlich mehr als um fromme Pflichterfüllung. Freiheit ist ohne Vergebung kaum möglich. Wer sich zeitlebens an seinen Groll kettet, bleibt durch und in ihm gefangen. Vergebung ist wahrlich keine einfache Sache. Aber eine, bei der sich stetiges Üben in vielfältiger Hinsicht lohnt.

Erinnerungs-funktion

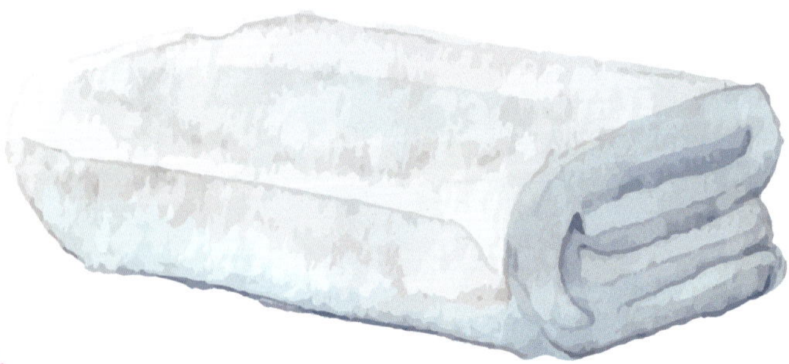

Wenn die Tage bis oben vollgepackt sind, die Gedanken ein Eigenleben zu führen scheinen und Sie wie ferngesteuert durch die Woche eilen, sind Ruhe und Aufmerksamkeit nicht unbedingt die nächstliegenden Optionen. Gerade dann tut es aber gut, für einen Moment ganz in der Gegenwart anzukommen und den Autopiloten abzuschalten. Nutzen Sie banale Alltagshandgriffe als Erinnerungsfunktion. Nehmen Sie sich beispielsweise vor, jedes Mal, wenn Sie eine Tür öffnen oder sich hinsetzen, dieser Tätigkeit die volle Aufmerksamkeit zu schenken. Spüren Sie den Türgriff in der Hand oder nehmen Sie den Stuhl wahr, auf den Sie sich setzen wollen. Kurz: Konzentrieren Sie sich ganz auf das, was Sie gerade tun. Das dauert vielleicht fünf Sekunden. Wenn Sie das jedoch oft tun, werden diese banalen Tätigkeiten Erinnerungsfunktionen, die Sie auch im turbulenten Alltag wieder ins Hier und Jetzt bringen.

Erinnerungs-funktion 2

Denke daran, dass Gott auch zwischen den Töpfen und Pfannen da ist, und dass er dir in inneren und äußeren Aufgaben zur Seite steht.

So brachte es Teresa von Ávila vor Jahrhunderten auf den Punkt.
Die Erinnerungsfunktion der vorigen Seite können Sie ganz einfach abwandeln und sich bei Ihrer ausgewählten Tätigkeit zusätzlich bewusst ins Gedächtnis rufen, dass Gott in diesem Moment bei Ihnen ist. Ganz egal, ob Sie in der Küche Kartoffeln schälen oder an einem Projekt mit Millionenbudget arbeiten.

Achtsam zuhören

Vermutlich haben Sie das auch schon erlebt: Sie reden mit jemandem, der nebenbei E-Mails checkt, insgeheim mit einer anderen Sache beschäftigt ist oder selbst versucht, seine Geschichte loszuwerden. Dabei fühlt man sich weder ernstgenommen noch wertgeschätzt. Andersherum kann achtsames Zuhören die Beziehungen zu anderen deutlich verbessern.

Sehen Sie der Person in die Augen, wenn sie spricht, und begegnen Sie ihr mit Wohlwollen. Hören Sie nicht nur auf die Worte, sondern achten Sie auch auf Tonfall und Gesten. Wenn sich Ihre eigenen Gedanken in den Vordergrund spielen wollen, nehmen Sie sie wahr, lassen Sie sie los und wenden Sie sich wieder der Person zu, der Sie zuhören. Stellen Sie offene Fragen, die das Gespräch vertiefen. Urteilen Sie nicht und befreien Sie sich von dem Druck ein Problem lösen oder Antworten geben zu müssen. Das ist nicht Teil des Zuhörens. Allein durch das Zuhören geben Sie Ihrem Gegenüber Raum und oft ergeben sich Lösungen von selbst. Sie hören einfach nur aufmerksam zu.

Abschalten

Sie können Ihre Umgebung nicht wahrnehmen, wenn Sie ständig mit dem Smartphone oder dem Computer beschäftigt sind. Deswegen: öfter bewusst abschalten.

Achtsam gegen Stress

Zu viel zu tun, zu wenig Zeit, Termindruck, Anspannung, Sorgen, schlechte Laune … In stressigen Situationen sind die größten Stressfaktoren meistens die Gedanken und Befürchtungen, die man sich zusätzlich macht und der innere Antreiber, der einen beständig anbrüllt, man müsse schneller sein.

Durchbrechen Sie den Stresskreislauf immer wieder, damit sich die Situation nicht hochschaukelt. Setzen Sie sich hin oder bleiben Sie unterwegs einfach kurz stehen. Achten Sie bewusst auf Ihre Umwelt. Zählen Sie in Gedanken fünf Dinge auf, die Sie sehen können. Achten Sie anschließend auf Geräusche und unterscheiden Sie fünf verschiedene. Schließlich wenden Sie sich dem zu, was Sie körperlich spüren können: den Wind im Haar, die Kleidung auf der Haut, den Schlüssel in der Hand … Verlagern Sie nun die Aufmerksamkeit auf Ihre Atmung. Beginnen Sie bewusst entspannt und tief zu atmen. Beschäftigen Sie sich drei Minuten lang nur mit Atmen. Haben Sie das Gefühl, etwas ruhiger geworden zu sein? Wenn nicht, dann wiederholen Sie die beiden Schritte noch einmal.

Einfach mal raus

Hobbygärtnern und Wanderfreunden war es schon immer klar: draußen kommt man viel besser zur Ruhe. Tatsächlich helfen einem die Natur und eine grüne Umgebung ganz automatisch dabei, ruhiger zu werden und „runterzukommen", aufmerksamer und achtsamer zu sein.
Ein kleiner Spaziergang im Park oder im Wald oder ein bisschen Unkrautzupfen können erstaunlich positive Auswirkungen haben. Deswegen: öfter einfach mal raus.

Achtsam laufen

Verbinden Sie einen Spaziergang oder die regelmäßige Joggingrunde mit einer Achtsamkeitsübung.
Starten Sie in einem langsamen Tempo und atmen Sie einige Male tief ein und aus. Steigern Sie das Tempo langsam bis zu einem zügigen Spazierschritt oder Ihrer üblichen Laufgeschwindigkeit. Konzentrieren Sie sich dabei auf Ihren Atem. Richten Sie dann die Aufmerksamkeit auf Ihren Körper, beobachten Sie, welche Muskeln sich anspannen, spüren Sie, wie die Füße den Boden berühren, genießen Sie den Wind im Gesicht. Wenn Ihre Gedanken abschweifen wollen, beobachten Sie sie und lenken sie dann wieder auf Ihren Atem zurück. Schließen Sie Ihren Spaziergang oder den Lauf mit einer kleinen Dehnübung ab und spüren Sie, wie sich die Muskeln anschließend entspannen.

Gute Gewohnheit

Mit der Achtsamkeit ist es wie mit allem im Leben: Nur wenn man Dinge regelmäßig tut und zur Gewohnheit werden lässt, können sie etwas verändern. Am leichtesten lassen sich neue Gewohnheiten einüben, wenn Sie sie mit etwas verbinden, was Sie sowieso regelmäßig tun. Die erste Tasse Kaffee am Morgen kann zu einem kleinen Achtsamkeitsritual werden. Wenn Sie täglich eine bestimmte Strecke zu Fuß zurücklegen, können Sie das achtsam tun. Selbst die Zeit unter der Dusche können Sie für Ihre tägliche Achtsamkeitsübung nutzen. Besetzen Sie einfach eine Zeitinsel am Tag mit Achtsamkeit.

Glücklich

*Sei in diesem Augenblick glücklich,
das genügt.
Wir brauchen nicht mehr
als den Augenblick.*

Mutter Teresa

Versuchen Sie es doch mal mit dem Glücklichsein. Nur jetzt, in diesem Moment. Wenn Sie nicht wissen, wie Sie das anstellen sollen, betrachten Sie die (vielleicht unscheinbaren) schönen Dinge, die Sie umgeben und zählen Sie auf, wofür Sie gerade dankbar sein können.

Ein bisschen Kunst

Kreative Tätigkeiten fördern die Achtsamkeit. Wenn Sie sich künstlerisch betätigen, sind Sie völlig im Hier und Jetzt. Dabei ist es unerheblich, wie viel Talent jemand mitbringt oder wie das Ergebnis aussieht. Das Wesentliche ist der Schaffensprozess. Malen oder Gedichte schreiben, musizieren, modellieren, tanzen ... ganz egal, Hauptsache kreativ.
Wie wäre es mit einem neuen Hobby?

Realistisch bleiben

Keiner ist immer achtsam. Wenn Sie sich das als Ziel setzen, werden Sie schnell frustriert sein. Aber jeden Tag mindestens einen Moment der Achtsamkeit zu erleben, ist durchaus möglich. Und tatsächlich machen schon solche kleinen Achtsamkeitsinseln einen spürbaren Unterschied. Ein Moment der Achtsamkeit, in dem Sie ganz in der Gegenwart ankommen – und vielleicht offen werden für die Gegenwart Gottes – kann den Blickwinkel auf den ganzen Tag verändern. Diesen einen Moment, den finden Sie, das ist ein durchaus realistisches Ziel.

Das große Ja

Wer achtsam ist, entdeckt zwangsläufig Dinge an sich, die ihm nicht gefallen. Seiten der eigenen Persönlichkeit, Gedanken, Gefühle ... All diesen Dingen dürfen Sie mit einem großen Ja begegnen. Kein „Ja, aber“. Einfach ein „Ja. So bin ich, das gehört zu mir“. Warum Sie das in aller Freiheit tun können? Weil seit Ihrem ersten Tag einer an Ihrer Seite geht, dessen Ja zu Ihnen mehr wiegt als alle Zweifel der Welt: Gott.